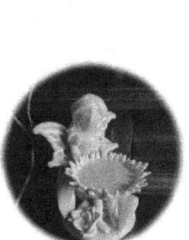

Xiang Tao Ceramics

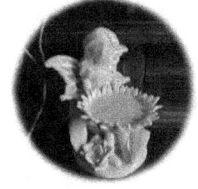

Xiang Tao Ceramics

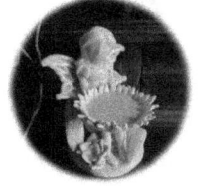

Xiang Tao Ceramics

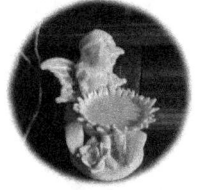

Xiang Tao Ceramics

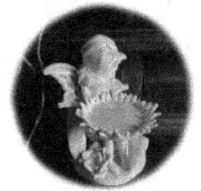

Xiang Tao Ceramics

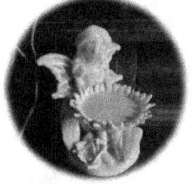

Xiang Tao Ceramics

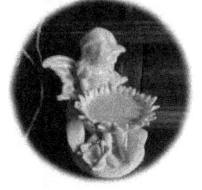

Xiang Tao Ceramics

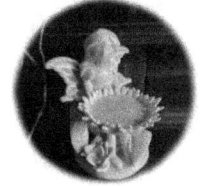

Xiang Tao Ceramics

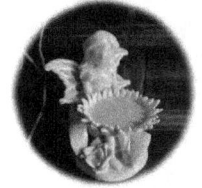

Xiang Tao Ceramics

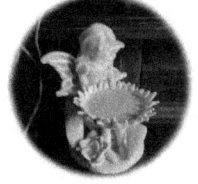

Xiang Tao Ceramics

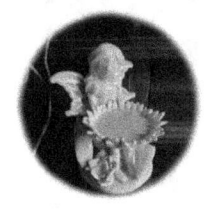

Xiang Tao Ceramics

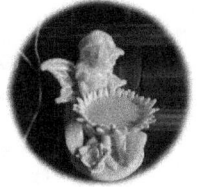

Xiang Tao Ceramics

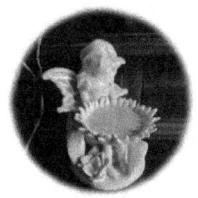

Xiang Tao Ceramics

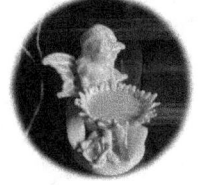

Xiang Tao Ceramics

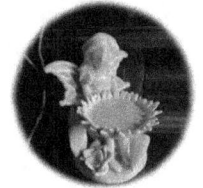

Xiang Tao Ceramics

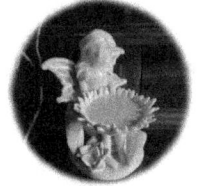

Xiang Tao Ceramics

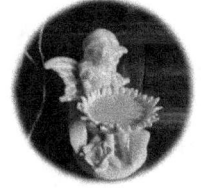

Xiang Tao Ceramics

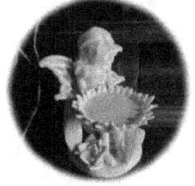

Xiang Tao Ceramics

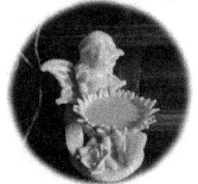

Xiang Tao Ceramics

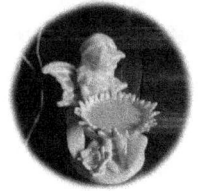

Xiang Tao Ceramics

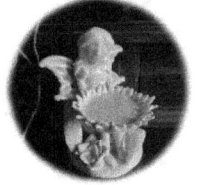

Xiang Tao Ceramics

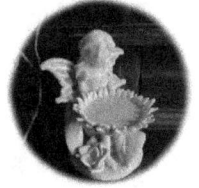

Xiang Tao Ceramics

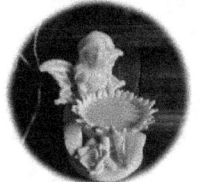

Xiang Tao Ceramics

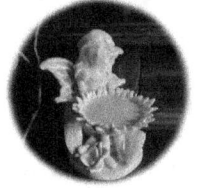

Xiang Tao Ceramics

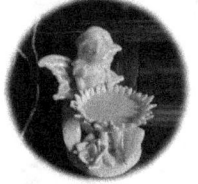

Xiang Tao Ceramics

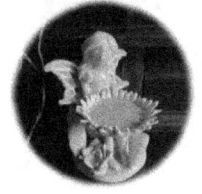

Xiang Tao Ceramics

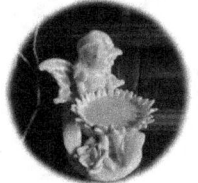

Xiang Tao Ceramics

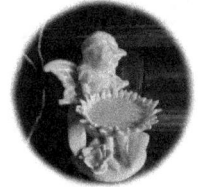

Xiang Tao Ceramics

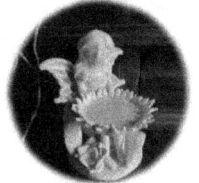

Xiang Tao Ceramics

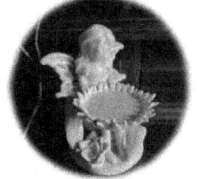

Xiang Tao Ceramics

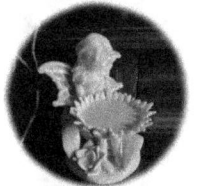

Xiang Tao Ceramics

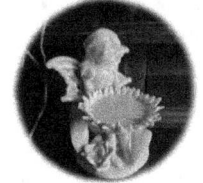

Xiang Tao Ceramics

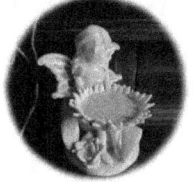

Xiang Tao Ceramics

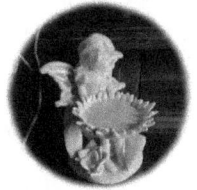

Xiang Tao Ceramics

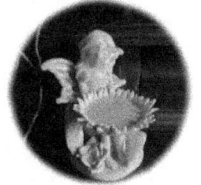

Xiang Tao Ceramics

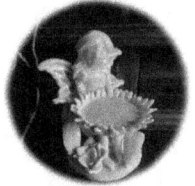

Xiang Tao Ceramics

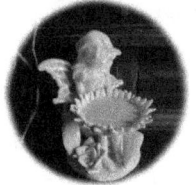

Xiang Tao Ceramics

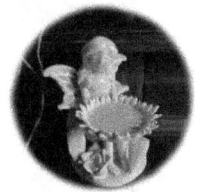

Xiang Tao Ceramics

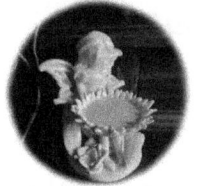

Xiang Tao Ceramics

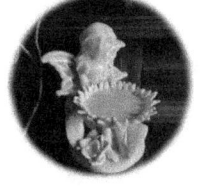

Xiang Tao Ceramics

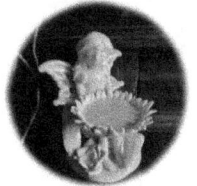

Xiang Tao Ceramics

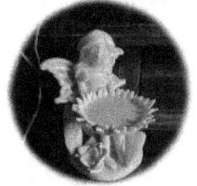

Xiang Tao Ceramics

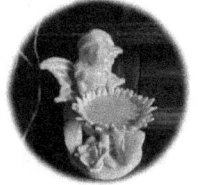

Xiang Tao Ceramics

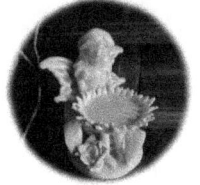

Xiang Tao Ceramics

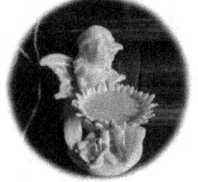

Xiang Tao Ceramics

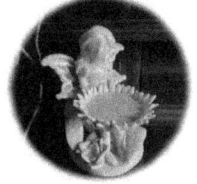

Xiang Tao Ceramics

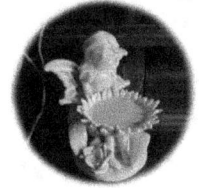

Xiang Tao Ceramics

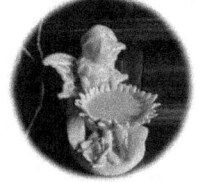

Xiang Tao Ceramics

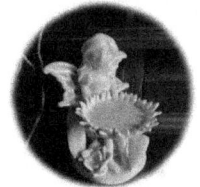

Xiang Tao Ceramics

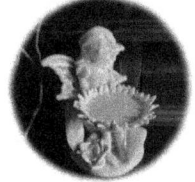

Xiang Tao Ceramics

Xiang Tao Ceramics
Illustrated & designed
by Alison RH Liu